OBSERVATIONS

A

M. LE COMTE DE PEYRONNET,

SUR

SON PROJET DE LOI

CONCERNANT

LES SUCCESSIONS,

ET

LE RETABLISSEMENT D'UN DROIT D'AINESSE.

EVERAT, IMPRIMEUR,
rue du Cadran, n° 16.

OBSERVATIONS

A

M. LE COMTE DE PEYRONNET,

MINISTRE DE LA JUSTICE, GARDE-DES-SCEAUX;

SUR

SON PROJET DE LOI

CONCERNANT

LES SUCCESSIONS

ET

LE RÉTABLISSEMENT D'UN DROIT D'AINESSE;

Par G. Sibuet, ancien Député.

Lorsque la sagesse des Rois s'accorde librement avec le vœu des peuples, une Charte constitutionnelle peut être de longue durée; mais quand la violence arrache des concessions à la faiblesse du Gouvernement, la liberté publique n'est pas moins en danger que le trône même. (*Préambule de la Charte de Louis XVIII.*)

Prix : 1 fr. 50 cent.

SE VEND A PARIS, AU PROFIT DES GRECS,

DANS LES MAGASINS DE LIBRAIRIE DU PALAIS-ROYAL;

ET CHEZ SAUTELET, LIBRAIRE, PLACE DE LA BOURSE.

1826.

OBSERVATIONS

A

A M. LE COMTE DE PEYRONNET,

MINISTRE DE LA JUSTICE, GARDE-DES-SCEAUX,

SUR

SON PROJET DE LOI

CONCERNANT

LES SUCCESSIONS,

ET

LE RÉTABLISSEMENT D'UN DROIT D'AINESSE;

MONSEIGNEUR,

Depuis la présentation de votre projet de loi sur les successions, et l'exposé des motifs qui l'accompagnent, l'horizon politique s'est rembruni; la voix du peuple, qui est la voix de Dieu, s'est fait entendre, et trop souvent cette voix est semblable à celle du tonnerre, précurseur de la foudre. La seule crainte du bouleversement de l'ordre établi, depuis longues années, a fait presqu'autant de mal que la réalité. De même que la crainte de la famine crée la famine, la crainte d'une contre-révolution suffit pour enfanter une révolution quelconque : ainsi le vaisseau de l'État, lancé de nouveau, par d'imprudens nautonniers, sur cette mer des révolutions, hérissée d'écueils, va se trouver peut-être exposé au plus affreux naufrage.

Je me garderai bien, Monseigneur, de déployer, au milieu de cette bourasque politique, les voiles de la discorde, et de déchaîner les vents des passions haineuses, dont le sifflement aigu augmente les horreurs de la tempête : j'invoquerai au contraire les lumières de la raison, qui doivent suffire pour dissiper l'orage.

Jusqu'à la présentation de votre nouveau projet de loi en faveur de la primogéniture, vos amis avaient pu croire que votre nom passerait à peu-près inaperçu aux yeux de la postérité sur la liste des ministres de la justice, que la révolution a fait surgir d'une médiocrité souvent honorable ; nos neveux auraient ignoré peut-être, un peu de bien que vous avez fait, en secret, lorsque les sentiments d'un cœur naturellement bon l'ont emporté sur la voix toujours impérieuse de l'ambition au milieu des cours ; mais ils auraient oublié quelques anecdotes plus ou moins scandaleuses de votre jeunesse, dont la chronique du midi s'est emparée ; du moins ils auraient pesé sans prévention le degré d'affection que vous avez inspiré à la magistrature en général, pendant votre ministère et dans quelques circonstances, indépendantes peut-être de votre volonté : mais depuis que le projet du rétablissement d'un odieux privilège (projet qui ne peut être que le vôtre), ainsi que le développement des motifs qui l'accompagnent, sont connus, un genre de célébrité, que je ne veux pas qualifier, et auquel votre mémoire n'échappera plus, est attaché au nom de celui qui, méconnaissant les besoins les plus impérieux, et les habitudes les plus chères pour le peuple français, a osé attaquer le véritable palladium de nos libertés, l'égalité des droits devant la loi; de celui qui a voulu changer nos mœurs actuelles, devenues meilleures, pour nous rendre celles d'un ancien régime, qui scandalisaient le monde entier; de celui qui a été sourd aux vœux, hautement prononcés, de la nation, et aux nécessités commandées par le bras invincible du temps, précédé du phare lumineux de la civilisation universelle.

Vous êtes peut-être, Monseigneur, plus à plaindre qu'à blâmer dans votre position: quoi qu'il en soit, je veux prouver d'abord que l'égalité devant la loi, garantie par la Charte, qui est devenue la loi irréfragable pour tous, est textuellement violée dans votre projet de loi, et j'établirai ensuite que tout est déception ou erreur, dans ce projet, aussi mal conçu que mal digéré.

La loi des successions est, de toutes les lois civiles, celle qui importe le plus aux gouvernemens, a dit Montesquieu; et avez-vous répété après lui, dans l'exposé des motifs, imprimé par le Moniteur. Sans contester cet axiome, je dis que la loi des successions est celle qui importe le plus aux peuples, c'est-à-dire aux familles et aux citoyens composant les grandes sociétés, pour l'avantage desquelles sont créés les gouvernements. De sorte, qu'à mon avis, dans l'institution des lois de cette nature, les intérêts des peuples et des familles doivent être pris en considération, même avant ceux des gouvernemens, à moins qu'ils soient absolus, ou qu'ils prétendent à le devenir. Dans mon système, il suffirait, pour faire apprécier le projet de loi, de prouver que l'égalité des partages des successions, tel qu'elle existe actuellement dans notre droit commun, a contribué à la puissance, à la gloire, à la prospérité du pays, en faisant naître et entretenant, pendant près de 36 ans, les affections naturelles, les sentimens généreux, les mœurs honnêtes et une heureuse harmonie dans la société, tandis que, sous la législation précédente, dont quelques provinces étaient affranchies, et qu'on veut aujourd'hui rétablir, en la généralisant avec quelques modifications seulement, les haines de famille, les divisions intestines entre les aînés et les cadets, la violation des vœux de la nature exercée contre les filles, contraintes, pour la plupart, à des vœux contraires, pour échapper aux humiliations de la pauvreté, avaient mis la grande société en état de guerre continuelle, suscité des abus d'autorité, provoqué des crimes, encouragé les mauvaises mœurs et séparé le peuple en deux castes, l'une privilégiée, jouissant de tous les avantages de la naissance ; et l'autre proscrite en recevant le jour, maudissant souvent ceux qui le leur avaient donné, et réduite à quitter la maison paternelle, pour aller ailleurs se créer des ressources, et chercher d'autres familles que celles dont une loi barbare les éloignait impitoyablement. Cette tâche n'est pas difficile, d'autres l'ont déja remplie ; du moins en partie ; mon but est plus spécial; il tend à prouver, comme je l'ai dit, que la Charte défend d'accorder un privilége à la primogéniture, que l'égalité des droits devant la loi, garantie par cette Charte, serait formellement violée par l'étblissement de celui que vous voulez accorder à la naissance, car il ne serait en effet qu'une extension criminelle des prérogatives de la noblesse constitutionnelle, qui ne peut prétendre qu'à des rangs et à des honneurs, sans aucune exemption des charges et des devoirs de la société.

L'article 1er de la Charte est ainsi conçu: *Les Français sont égaux devant la loi, quelque soient d'ailleurs leurs titres et leurs rangs.*

Or que deviendrait, je le demande, cette égalité des droits, devant une loi qui ne serait pas égale pour tous? Le premier caractère d'une loi, dans un gouvernement représentatif, est d'ordonner à tous, dans les mêmes termes, et d'être l'expression des besoins et des vœux de la société; or, cette société, d'accord avec son Roi, a dénié, pour toujours, toute espèce de privilége à la naissance, autre que celui des rangs et des honneurs. Ainsi, je vous le demande, Monseigneur, que fait celui qui établit, non-seulement un privilége de primogéniture, mais encore un privilége plus exorbitant du droit commun en faveur de ceux qui paient 300 francs d'impôts et de leurs enfans, au préjudice de la classe moyenne, qui est la plus nombreuse et, presque toujours, la plus éclairée? Il viole la Charte; et cela est si clair qu'on est embarrassé, pour appuyer cette conséquence, par d'autres raisonnemens que l'exposé du fait.

En vain dira-t-on que l'inégalité des partages existe actuellement de fait, puisque le père peut donner plus à l'un de ses enfans qu'aux autres.

Je répondrai que tous les pères peuvent user de cette faculté, qui n'offre rien que de moral, qui entretient, entre tous les enfans indistinctement, une émulation de tendresse, un concours de satisfaction ouvert à chacun des enfans, quel que soit leur sexe; concours dont les pères seuls sont les juges. Mais lorsque ce ne sera plus le père qui disposera exclusivement, lorsque la loi disposera pour lui, en cas de silence, et que l'aîné seul obtiendra le privilége par la force de la loi, le concours est fermé, le sujet d'émulation disparaît : la loi parlera seule, et le père, par respect pour elle, ou par contrainte, se taira.

D'après ce projet de loi, non-seulement l'égalité des droits des enfans à l'avantage que le père peut, aujourd'hui, faire à l'un d'eux, est détruite, mais encore l'égalité des droits des pères est violée, à tel point, qu'elle assure aux riches seulement le privilége de la primogéniture, sans que l'odieux d'une préférence en faveur de l'aîné puisse tomber sur ces nouveaux pères nobles; tandis que l'autre père, réduit à une nouvelle espèce de roture, assumera sur lui toute la responsabilité morale d'une inégalité de partage, qu'il devra ordonner lui-même, pour qu'elle puisse s'effectuer après sa mort.

Ainsi la loi accorderait aux riches le privilége de pouvoir être injustes envers leurs enfans, sans qu'aucun d'eux pût leur reprocher autre chose qu'un silence souvent forcé; tandis que, dans la classe moyenne, toutes les haines, qui sont la suite nécessaire de l'inégalité des partages entre les enfans d'un même père, retomberaient sur ce dernier, s'il écoutait plutôt le vœu de la loi que celui de son cœur.

Il faut bien expliquer la différence qui existe entre la législation actuelle et celle qu'on veut établir, pour apprécier tout ce que cette dernière offre d'odieux.

L'égalité des partages est aujourd'hui notre droit commun, sauf une réserve qui reste à la disposition du père : de sorte que, s'il n'en dispose pas, l'égalité est de droit.

La faculté de disposer de cette réserve, qui a, comme je l'ai dit, un côté moral, a été, pendant quelque temps, mise en pratique dans certains départemens ; mais il est de fait que, presque partout, un besoin d'égalité, qu'on éprouve généralement, l'a fait abandonner, au point que, dans la Vendée même, cette terre classique de la légitimité, un père de famille se ferait un cas de conscience de ne pas partager également sa succession entre tous ses enfans. Et c'est alors que nos mœurs et nos habitudes répugnent à user d'un droit facultatif sur le partage inégal des successions, qu'on veut suppléer au silence expressif des pères, en faveur de l'égalité de ces partages, par une volonté étrangère aux besoins de la société, et, le plus souvent, aux vœux des pères, qui ne pourront échapper à cette volonté de la loi, que par des dispositions de mort, auxquelles on pense toujours à regret, et presque toujours trop tard.

Les auteurs du projet de loi dont il s'agit, ont senti qu'ils n'obtiendraient pas, de la libre volonté des parens, l'avantage qu'ils voulaient assurer au hasard de la primogéniture ; car ils l'avouent eux-mêmes, nos mœurs y répugnent généralement (1). Et voilà pourquoi la loi future dispose elle-même en faveur du premier né ; de sorte que ceux qui auront été privés, de manière ou d'autre, de la faculté de tester, seront censés avoir fait ce qu'ils auraient, le plus souvent, répugné à faire, par cela seul qu'une mort subite, une interdiction, une aliénation mentale, une hésitation naturelle à faire des dispositions de mort, les auront empêché d'exprimer leur volonté ; heureux, si un crime ne les réduit pas à cette impossibilité, lorsque l'*esprit de famille, si favorable à l'ordre public* qu'on veut créer, avec le produit des haines, des divisions, des excès de l'ambition qui furent autrefois la suite de l'inégalité des partages, aura pris racine, et produit ses premiers fruits.

Je peux conclure, Monseigneur, ce me semble, de ce que j'ai dit, que la Charte, qui consacre l'égalité des droits de tous devant la loi, serait violée formellement par l'adoption de votre projet de loi, puisque les enfans des uns seront considérés, devant cette loi, différemment que les

---

(1) On voit dans l'exposé des motifs, que le père ne dispose point aujourd'hui de la quotité disponible, quoiqu'elle ne soit point excessive, qu'il s'abstient d'user de ce droit, parce qu'il craint que la justice naturelle soit blessée par les partages inégaux; et cependant, par une fausse présomption, la loi, qui doit être l'expression des vœux de la société, ordonnera le contraire de ces vœux, et le gouvernement disposera d'une propriété qui n'est pas la sienne, en faveur de celui auquel le père ne l'aura pas lui-même transmise.

enfans des autres, puisque tous les pères ne pourront plus régler leurs successions, et se taire, ou vouloir de la même manière, et que leur silence ou l'expression de leur volonté seront différemment interprétés.

Mon raisonnement acquerrait encore plus de force, Monseigneur, si je voulais parler des substitutions; mais ce sujet m'entraînerait trop loin, et d'autres le traiteront.

S'il me fallait combattre tous vos motifs, on remplirait un volume du développement de leurs faussetés. Je me bornerai à la critique des plus saillans, après avoir observé que les Français, qui ont un tact exquis pour deviner et prévoir ce qui touche à leurs intérêts, ne se dissimulent pas que votre essai du rétablissement d'un privilége, n'est que le prélude de ce qu'on leur prépare; car vous avez dit, dans vos motifs, que la quotité disponible, telle du moins que les lois actuelles l'ont réglée, n'est pas elle-même un remède efficace contre le morcellement des propriétés; d'où on peut conclure, ce me semble, que, puisqu'on veut empêcher ce morcellement, on étendra, un peu plus tôt ou un peu plus tard, le droit d'aînesse. « La loi ne rétablirait point, dites-vous, cet ancien droit » d'aînesse, qui était fondé sur des priviléges personnels » et sur la distinction des biens roturiers et des biens » nobles. »

Mais qu'est-ce donc qu'une loi qui accorde à l'aîné exclusivement, fût-ce même éventuellement, un droit plus fort que celui des autres enfans, à la succession du père commun, si ce n'est un droit d'aînesse; et qu'est-ce qu'une distinction qui ne peut naître que de la différence dans la valeur des biens, si ce n'est une distinction des biens qu'on nommait autrefois nobles ou roturiers?

Les noms ne font rien à la chose, puisqu'elle est la même ; peu importe le nom qu'on lui donnera. Je soutiens qu'avec votre loi, vous rétablissez un droit d'aînesse fondé sur un privilége personnel que cette loi n'accorde qu'au premier né, et que de plus, vous rétablissez une véritable distinction entre des biens qui redeviendront, par le fait, nobles ou roturiers, sous d'autres dénominations.

Vous faites valoir ailleurs l'avantage que retireraient, dites-vous, l'État et les Familles, de l'établissement du préciput en faveur de l'aîné des enfans, qui par son âge, son expérience et sa position, remplacera le mieux le chef; mais vous n'avez pas réfléchi, Monseigneur, que l'aîné meurt souvent avant son père, et laisse des enfans qui représenteront ce père mort dans le nouveau droit d'aînesse, de sorte qu'au lieu de cet aîné âgé et expérimenté, qui devait protéger la famille, des neveux au berceau, et souvent des filles à la mamelle, auront la préférence sur des oncles mûris par le tems et la raison.

Il faut, dites-vous, selon les lieux et les tems, corriger, tantôt les lois par les mœurs, tantôt les mœurs par les lois; et quelques pages plus bas, vous vous écriez : *Gardons-nous bien de choquer les mœurs, sous prétexte de les corriger; flattons et ménageons, au contraire, des habitudes justifiées par des sentimens généreux.* Tout est vrai dans cette dernière idée ; tout est faux dans la première. Chez un peuple civilisé, les mœurs dictent les lois ; ce n'est qu'au milieu d'une société vierge, que des lois peuvent modifier les mœurs.

C'est pour accroître et entretenir un grand nombre d'Électeurs, dites-vous, que cette disposition est nécessaire. *Si vous ôtez les Électeurs et les Éligibles* (telles sont vos expressions) *la monarchie constitutionnelle est dissoute, il n'y a plus d'élemens que pour la Monarchie absolue, ou la République.*

Je ne sais pas lequel de ces deux Gouvernemens le ministère veut nous donner ; mais je le défie de prouver qu'il nous laisse un intermédiaire, s'il est conséquent dans ses actions et dans ses paroles. On veut, avec la loi de primogéniture, augmenter et entretenir le nombre des Électeurs et des Éligibles, parce que, sans cela, il n'y a plus d'élémens que pour la Monarchie absolue, ou pour la République; or, en dégrevant chaque année la contribution foncière, au lieu de soulager le peuple par la diminution des droits sur le sel et autres impôts indirects, il réduit ainsi successivement le nombre des Électeurs et des Éligibles, donc il ne veut plus nous laisser d'élémens, que pour la Monarchie absolue ou la République; qu'il choisisse.

Il est de principe non contesté, que la loi ne dispose que pour l'avenir; elle n'a point d'effet rétroactif, porte l'art. 2 de notre Code civil: cette disposition est la même dans toutes les législations anciennes et modernes. Comment se fait-il, Monseigneur, qu'un Ministre de la Justice, en France, vienne proposer une disposition formellement contraire à ce principe, dans un projet de loi sur les successions.

Si le projet est adopté ; dans toute succession *ab intestat*, le privilége de la primogéniture aura son effet par la force de la loi ; or pour que cette loi n'eût pas d'effet rétroactif, il faudrait que tous ceux qui y sont soumis, pussent, après sa promulgation, faire des dispositions testamentaires, ou des actes entre vifs, exprimant leur volonté, pour ou contre l'égalité des partages de leurs successions, et vous n'avez pas songé, que ceux qui sont privés de leurs droits civils, soit par la perte de leur qualité de Français, soit par des condamnations judiciaires par contumace, ceux dont la succession peut s'ouvrir par des déclarations d'absence, ceux enfin qui sont en état d'interdiction, ou placés sous la tutelle d'un conseil judiciaire, ne peuvent plus faire de dispositions légales ; de sorte que la loi aura nécessairement un effet rétroactif à leur égard, puisqu'ils n'auront pas pu jouir de la faculté de faire, jusqu'à leur mort, des dispositions contraires, lorsque la loi semble assurer à tous cette faculté, ainsi cet effet rétroactif se fera encore sentir sur leurs familles.

Et qu'on ne pense pas qu'après une longue révolution, les absens, les interdits, et même quelques condamnés contumaces ne soient pas encore des êtres intéressans, qui puissent réclamer les avantages de la législation, civile; *res sacra miser!* Ce n'est pas à ceux qui dominent actuellement dans les conseils du prince et dans les fonctions publiques à jeter la pierre aux absens, ou aux expatriés; combien d'entr'eux n'ont-ils pas à se reprocher d'avoir été la cause plus ou moins directe de l'aliénation mentale de tel général fameux, de tel publiciste recommandable, de tel citoyen peut-être irréprochable, échappés par miracle à la faulx de la réaction, au prix de leurs facultés intellectuelles, et de l'exercice de leurs droits civils; combien d'entre eux n'ont-ils pas concouru plus ou moins activement à des condamnations politiques, qui, heureusement, n'ont pas encore produit tout leur effet? (2)

Eh bien ! ces malheureux, atteints de mort civile, ne pourront plus user du droit que la loi nouvelle réserve à tous, pour faire échapper leurs familles aux malheurs qui doivent être la suite de l'établissement d'un privilége de primogéniture; ainsi, celui qui a un aîné devenu indigne de son affection par sa mauvaise conduite, et des cadets qui mériteraient seuls une préférence, s'il pouvait l'accorder encore, se trouvera froissé dans ses intérêts les plus chers, dans le choix des objets de ses affections, qui survivent souvent à l'aliénation mentale, parce que votre loi expliquera son silence forcé, en faveur de celui qui le

(2) Nous ne citerons ici que le brave général Travot, si intéressant par sa conduite militaire, par sa rigide probité, par sa générosité constante envers l'ennemi, envers les malheureux Vendéens, sur les champs de bataille et après le combat; si intéressant par ses malheurs incomparables et toujours immérités, enfin par son affligeante position morale dans une maison de santé qu'il considère, dans l'exagération de ses idées sur l'honneur et sur la discipline militaire, comme une prison perpétuelle, quoiqu'il ait été relevé de toutes ses condamnations, sous le dernier règne.

mérite le moins. Cette considération devrait être puissante aux yeux des amis de la morale et de la religion.

Cet effet rétroactif, qui n'est pas le seul (3), est un vice radical du projet de loi.

---

(3) J'en citerai deux qui me frappent plus particulièrement, parce qu'ils résultent de faits qui sont à ma connaissances particulière : M. C..... mon ami, gros propriétaire du département de... a deux enfans, un fils et une fille, qu'il chérit également ; en mariant sa fille à un de mes parens, il a déclaré à son gendre, en ma présence et en celle des amis communs, qu'il ne ferait jamais aucune disposition testamentaire; je répugne également, disait-il, à disposer pendant ma vie de ma fortune, dont ma fille aura nécessairement la moitié à ma mort. (Il a fait à cette fille une pension de 10,000 fr. par an. Cet homme sera certainement fidèle à sa parole; mais la loi violera cet engagement d'honneur ; l'égalité du partage de sa succession n'aura plus lieu, non par la volonté du père, mais par l'effet rétroactif de la loi, sur les engagemens antérieurs. On dira, que ce père pourra aujourd'hui faire un testament et rétablir l'égalité; je réponds qu'ils n'en fera jamais, parce qu'il l'a promis, parce qu'il n'a rien promis de plus, parcequ'il se croirait d'ailleurs à l'article de la mort, si on lui parlait de testament.

Autre cas : M. D. a aussi deux enfans, de différens sexes, et 150,000 fr. de biens. En mariant sa fille, il lui a constitué 75,000 f. de dot, faisant moitié de sa fortune ; mais comme il peut éprouver des revers et qu'il veut avant tout l'égalité du partage entre ses enfans, il stipule dans le contrat de mariage de sa fille, que la dot est constituée à charge de rapport s'il y a lieu : le père ne voit dans la loi nouvelle que ce qu'elle dit; savoir : qu'à défaut de disposition de la part du père, le fils aîné aura le préciput ; or, il a assuré la moitié de sa fortune à sa fille, et il croit que son fils n'aura rien de plus que l'autre moitié, hé bien ! quand ce père mourra, s'il laisse la

Dans la législation actuelle, je le répète, l'égalité des partages est le droit commun; la faculté contraire est l'exception: sous la législation qu'on veut établir, l'inégalité de partage sera le droit, et la faculté de s'y soustraire

---

même fortune de 150,000 fr., le fils prelèvera le tiers pour le droit d'aînesse, qu'on aura établi postérieurement, plus moitié du surplus; de manière que la fille, qui a déjà six enfans, n'aura plus que 50,000 fr. au lieu de 75,000 fr., parce qu'elle devra rapporter 25,000 fr.

Je terminerai cette note par l'esquisse du tableau de l'intérieur d'une famille, tel qu'il me semble devoir se présenter dans quelques localités, après la publication de la loi, si elle est adoptée : tout n'est pas supposition dans cet essai ; je connais plusieurs dames de province mariées à Paris, qui se disposent à aller avec les petits enfans, visiter leurs pères, aussitôt que le projet aura été converti en loi.

Voyez ce vieillard âgé de 80 ans, dont le fils aîné, qui en a 50, est resté célibataire par égoïsme, sans instruction par idiotisme, sans état par indolence, et dont les deux filles, bonnes et utiles menagères, ont épousé, l'une un avocat, l'autre un manufacturier; chacune d'elles a une nombreuse famille, qu'il faut élever et établir : le vieillard, en mariant ses filles, leur a fait des avancemens d'hoirie, en réservant une portion égale pour son fils ; car il n'a jamais consulté son cœur sur la posibilité d'une préférence, en faveur de l'un de ses enfans. La loi nouvelle arrive au hameau où est située la maison paternelle ; les gendres, leurs femmes et enfans, accourent presqu'en même temps; l'inquiétude est peinte sur leurs visages : le père prodigue à tous ses caresses, sans songer qu'il peut y avoir quelque chose de changé dans leur position ; car ses sens affaiblis ne lui permettent pas de s'occuper de politique ou de législation. L'aîné, qui était allé à la ville, se

devient l'exception ; c'est là un autre vice qui domine tous les autres, et auquel il faut absolument se soustraire si on

---

faire expliquer la loi et le droit d'aînesse, que le défaut de dispositions contraires de la part du père lui assure, revient rayonnant de joie et bouffi d'une folle ambition : en voyant cette réunion inattendue, il fronce le sourcil et suppose hautement que ses sœurs, avec leurs maris et ses neveux ou nièces, sont venus dans l'intention d'insinuer au père commun, qu'il doit, dans un esprit de justice, leur assurer la part égale qu'il leur a toujours promise dans sa succession ; et que pour cela il faut qu'il fasse son testament : il prend même pour un notaire venu à cet effet, l'un des commis du manufacturier, qui l'avait accompagné ; les gendres trouvent la supposition injurieuse et la repoussent avec vigueur, comme attentatoire à leur délicatesse ; les sœurs lui reprochent vivement sa conduite et son égoïsme ; elles lui représentent combien ses craintes sont déplacées, puis qu'en tous cas il est sans enfans et à l'abri du besoin ; la querelle s'échauffe, le vieillard veut en connaître le sujet, car il n'y a encore rien compris ; l'aîné s'emporte et veut chasser les gendres : les femmes et les enfans versent d'abondantes larmes ; enfin le père commun devine ce dont il s'agit : il se rappelle ses promesses, en mariant ses filles, il s'appitoie sur le sort de ses petits-enfans, et dit en gémissant : Qu'on aille chercher le notaire à la ville. L'aîné accuse son père de vouloir le déshériter. Non, réplique le vieillard, je ne veux déshériter personne, qu'on fasse venir un Notaire........ Hélas ! il est trop tard, cette scène terrible a agité le père octogénaire d'une manière trop forte ; le notaire et le pasteur le trouvent tombé en paralysie ; il meurt, et l'aîné, célibataire idiot, a la plus grande partie de la fortune, tandis que les filles, les gendres et leurs nombreux enfans auront à peine le nécessaire.

vent échapper aux malheurs qu'entraînent les contre révolutions qui, comme on l'a dit souvent, sont les pires des révolutions ; un privilége appelle un autre privilége, et les priviléges ont amené la révolution.

Je desire ardemment le redressement de cette aberration de principes, non-seulement dans l'intérêt de ceux qui ne peuvent plus disposer aujourd'hui, mais encore dans celui de la société tout entière. En effet, si on ne veut pas porter atteinte au droit du père de famille, il faut lui laisser son libre arbitre, soit qu'il parle, soit qu'il se taise, et qu'il puisse seul disposer, selon la mesure de ses affections et d'après ses propres opinions, sans rendre forcément son silence favorable au premier de ses enfans mâles, au préjudice des autres; qu'un père puisse avantager son aîné, dans l'intérêt bien ou mal entendu de la monarchie; si c'est là son intention, si les mœurs, les goûts, les habitudes du siècle autorisent cette préférence, il usera du droit que lui donne la loi; si au contraire le desir de voir l'union régner parmi ses enfans, d'assurer le bonheur de tous, quel que soit leur sexe, et de conserver leur reconnaissance au-delà du tombeau; si enfin, toute préférence accordée à la naissance est devenue odieuse ou contraire à l'opinion générale, il repoussera une loi qui n'est pas l'expression des besoins et des vœux de la société: la loi doit respecter sa volonté, et même son silence; du moins elle ne doit pas l'interpréter dans un sens contraire à son vœu prononcé en faveur de l'égalité des partages, puisqu'il n'use pas aujourd'hui, ainsi qu'on en convient, de la faculté d'ordonner une inégale répartition de sa succession entre ses enfans. Votre loi, Mgr., il faut le dire, ne serait que mensonge et déception. Dans vos idées exagérées sur les avantages de la force aristocratique, sous la monarchie, ordonnez, si vous le voulez, que le père de famille ne puisse disposer qu'en faveur du premier-né de ses enfans mâles, de la quotité qui lui est réservée; mais au moins conservez à lui seul le droit de faire cette disposition; que son silence ne soit pas expliqué en faveur du privilége, lorsqu'il suppose au contraire la volonté de respecter le principe moral de l'égalité des partages: ainsi du moins la loi n'aura pas un effet rétroactif, sur les successions des absens, des condamnés par contumace, des aliénés et des interdits, qui n'ont plus la faculté d'exprimer légalement leurs volontés pour l'égalité ou l'inégalité des partages entre leurs enfans, et qui par conséquent ne pourraient pas échapper à l'interprétation rétroactive de la loi en faveur du privilége de la primogéniture, quoique cette loi offre généralement une faculté contraire.

Quel que soit le sort futur de votre projet de loi, Monseigneur, sa seule présentation a fait beaucoup de mal: elle a soulevé les passions, réchauffé les haines de famille, et jeté partout l'inquiétude; ne faites pas germer sur notre belle France les fermens de discorde que cette présentation a dispersés dans nos villes et dans nos campagnes. Je vous en conjure, au nom de la Patrie, au nom de votre propre avenir et de celui de votre famille, abandonnez ceux qui vous ont arraché des concessions contraires à vos propres sentimens; car vous chérissez également tous vos enfans, sans distinction de sexe; du moins, daignez consentir à un amendement, qui sera sans doute présenté, et qui pourrait être ainsi conçu : *Les dispositions de la présente loi ne seront pas applicables à ceux qui, à l'époque de sa promulgation, seraient privés de l'exercice de leurs droits civils, ni à leurs successions.* (4)

Au surplus, rappelez-vous les sages leçons de ce Roi qui connaissait bien son siècle et le caractère français : il fut votre bienfaiteur ; ne soyez pas sourd à sa voix, elle s'élève encore du fond de son tombeau, pour répéter, *qu'auprès de l'avantage d'améliorer, se trouve le danger d'innover.*

J'ai l'honneur d'être, Monseigneur, de Votre Grandeur,

Le très-humble serviteur,

SIBUET,

Ex-Président du Tribunal de Corbeil, et ancien Député de Seine-et-Oise.

(4) On pourrait encore ordonner que la loi ne serait mise en vigueur, ni applicable, qu'après un délai suffisant pour que les pères eussent le temps d'en prévenir et d'en éviter les effets ; si elle est exécutoire comme les autres, après sa promulgation, il n'y aura pas assez de Notaires, en France, pour faire les testaments de ceux qui veulent l'égalité des partages entre leurs enfans; beaucoup mourront le lendemain de la promulgation, et la loi aura encore ainsi, un autre effet rétroactif; ce que je propose se pratique souvent en Angleterre ; on le fait en ce moment pour les petits billets de banque.

www.ingramcontent.com/pod-product-compliance
Lightning Source LLC
LaVergne TN
LVHW010016230826
846092LV00002B/846

* 9 7 8 2 0 1 6 1 7 8 4 3 0 *